50 dessins de monstres

50 dessins de monstres

Apprendre à dessiner étape par étape les dragons,
les vampires, les zombies et autres sorcières.

Lee J. Ames

VIGOT

Dans la même collection
du même auteur...

- **50 dessins d'animaux**
- **50 dessins d'animaux à protéger**
- **50 dessins d'animaux marins**
- **50 dessins d'avions**
- **50 dessins de chats**
- **50 dessins de chevaux**
- **50 dessins de chiens**
- **50 dessins de dinosaures**
- **50 dessins de d'insectes et araignées, scorpions, etc.**
- **50 dessins de fleurs, d'arbres et autres plantes**
- **50 dessins d'horribles bestioles**
- **50 dessins de personnages**
- **50 dessins de véhicules**
- **50 dessins de voitures, camions et moto**

Published by arrangement with Doubleday,
a division of Bantam Doubleday Dell Publishing Group, inc.

Pour la présente édition:
Translation Copyrigth © 2000, by Éditions Vigot - 23, rue de l'École de Médicine, 75006 Paris, France.
Dépôt légal: mai 2003 - ISBN 2 7114 1452 3
Imprimé en Espagne.

Au lecteur

Ce livre va vous montrer comment dessiner des monstres de tous poils, et si vous suivez les instructions à la lettre vous pourrez tous les dessiner. Il est inutile de commencer par la première illustration. Choisissez celle que vous voulez. Lorsque vous aurez fait votre choix, suivez la méthode étape par étape. Sans appuyer et avec application, reproduisez le dessin de la première étape. Cette étape, aussi simple soit-elle, doit être réalisée avec le plus grand soin. L'étape numéro deux suit l'étape numéro un, tout aussi légèrement et avec autant de soin. L'étape numéro trois est superposée sur les numéros un et deux, et ainsi de suite jusqu'à la fin. C'est cette dernière étape, et uniquement celle-ci que l'on peut dessiner d'un trait ferme.

Il va peut-être vous sembler étrange que l'on vous demande de faire particulièrement attention lorsque vous dessinez les premières étapes qui semblent si simples, mais ceci est de la plus haute importance car une erreur d'inattention au début, peut gâter tout le dessin à la fin. Pendant que vous dessinez chaque étape, surveillez les espaces entre les traits, ainsi que les traits eux-mêmes, et assurez-vous de faire exactement pareil. Après chaque étape, vous aurez peut-être envie d'alléger votre travail en passant légèrement une gomme tendre.

Lorsque vous aurez terminé, vous pourrez repasser le dessin final à l'encre de Chine au moyen d'un pinceau fin ou à la plume. Lorsque l'encre sera sèche, gommez les traits de crayon. L'encre de Chine est indélébile.

Voici quelques suggestions : dans les premières étapes, même si tout paraît correct, il serait utile de tenir votre dessin devant un miroir. Parfois celui-ci vous montre que le dessin est déformé dans un sens que vous n'aviez rien remarqué. Il est possible que vous trouviez difficile de dessiner les carrés, les triangles ou les cercles, ou tout simplement de faire aller le crayon là où vous voulez. Ne vous découragez pas. Plus vous vous entraînerez, plus vous vous maîtriserez. Le seul équipement dont vous aurez besoin est un crayon moyen ou tendre, du papier et une gomme, et, si vous le désirez une plume ou un pinceau et de l'encre de Chine (ou un crayon feutre) pour la phase finale.

Chaque nouvelle étape d'un même dessin est plus foncée afin que vous puissiez bien la repérer, mais vous devez vous-même dessiner très légèrement.

Souvenez-vous qu'il y beaucoup d'autres façons de dessiner. Ce livre vous enseigne une méthode parmi d'autres. Pourquoi n'essaieriez-vous pas d'autres façons et d'autres méthodes... par vous-même ?

Lee J. Ames

Avis aux parents ou au professeur

« Victor dessine un dragon mieux que quiconque ! » ; un tel compliment ne peut être que stimulant. Les méthodes contemporaines d'enseignement de l'art (liberté d'expression, expérimentation, autoévaluation, compétences et maturité) fournissent une approche vigoureuse et revigorantes que nous devons apprécier.

Mais les idées nouvelles ne doivent cependant pas exclure totalement les anciennes. L'une d'entre elles est le « suivez-moi pas à pas ». Dans ma jeunesse, cette méthode était si répandue et si fréquemment exclusive, que l'étudiant n'était rien d'autre qu'une extension pantographique de son professeur. Dans ce temps-là elle était trop appliquée.

Ceci ne signifie pas que la jeune main ne doive jamais être guidée. Au contraire, le guidage spécifique est fondamental. La méthode pas à pas qui produit des résultats satisfaisants est précieuse, même lorsque les moyens pour l'accomplir ne sont pas complètement compris par l'élève.

On enseigne fréquemment au musicien novice à jouer tout de suite des mélodies très simples sur son instrument, bien avant qu'il apprenne la théorie élémentaire de la musique.

L'autosatisfaction qui en résulte et la fierté, peuvent être des moyens importants pour provoquer la motivation. Et tout cela par l'imitation du maître, le « fais comme moi... ».

L'imitation est indispensable pour le développement de la créativité. Nous apprenons à utiliser nos outils par imitation, et une fois la maîtrise acquise, nous pouvons être créatifs. À cet effet, j'offre à l'artiste en herbe la possibilité de mémoriser ou d'imiter la « fabrication de dessins ». De dessins qu'il a vivement rêvé pouvoir faire.

Tous ceux qui souhaitent faire des progrès devraient utiliser cet ouvrage afin qu'un ami dise : « Victor peut dessiner un dragon mieux que quiconque ».

Lee J. Ames

50 dessins de monstres

1. **Loup garou**

2. UR 2 EZ

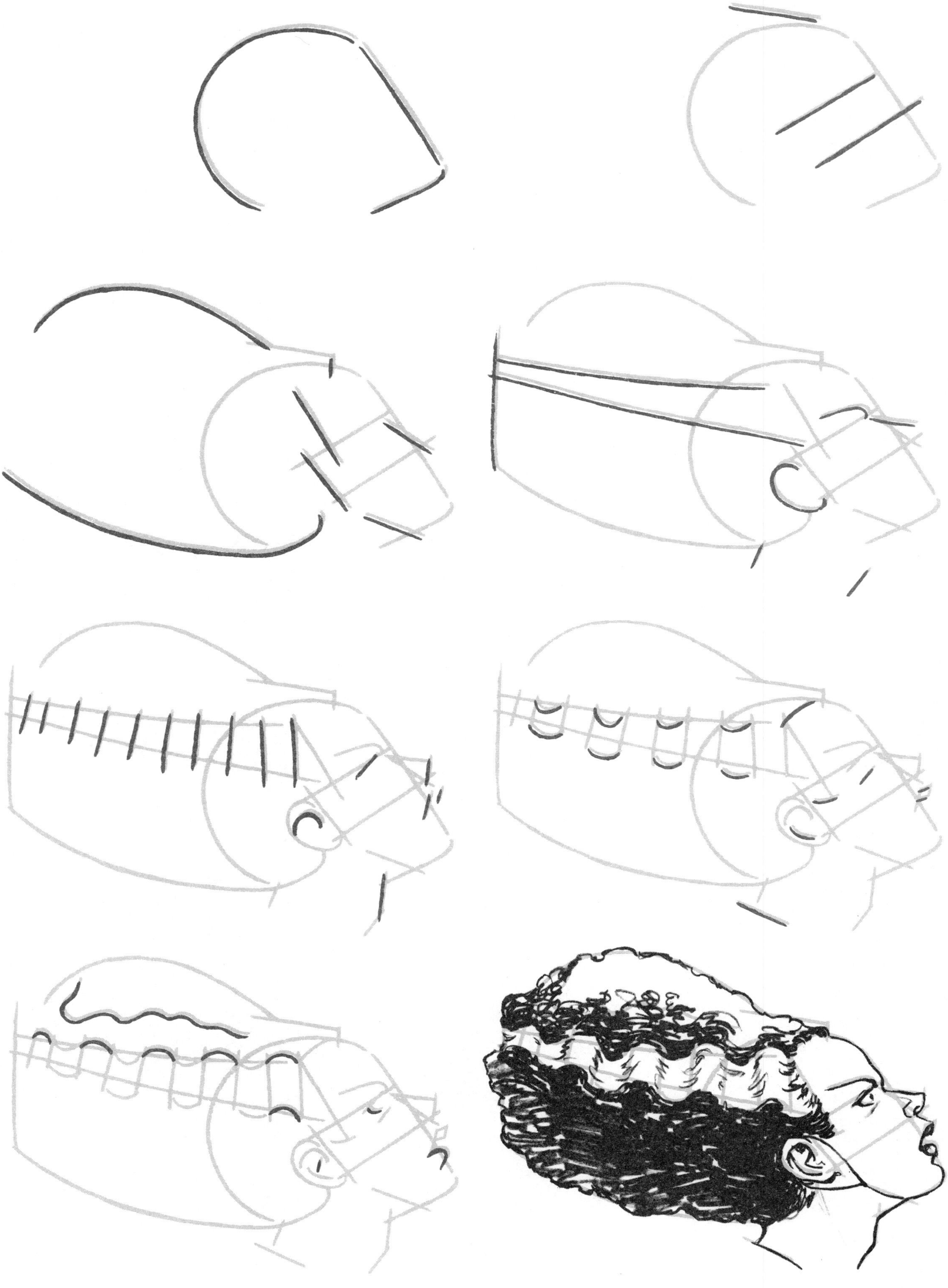

3. **La fiancée de Frankenstein**

4. **Démon**

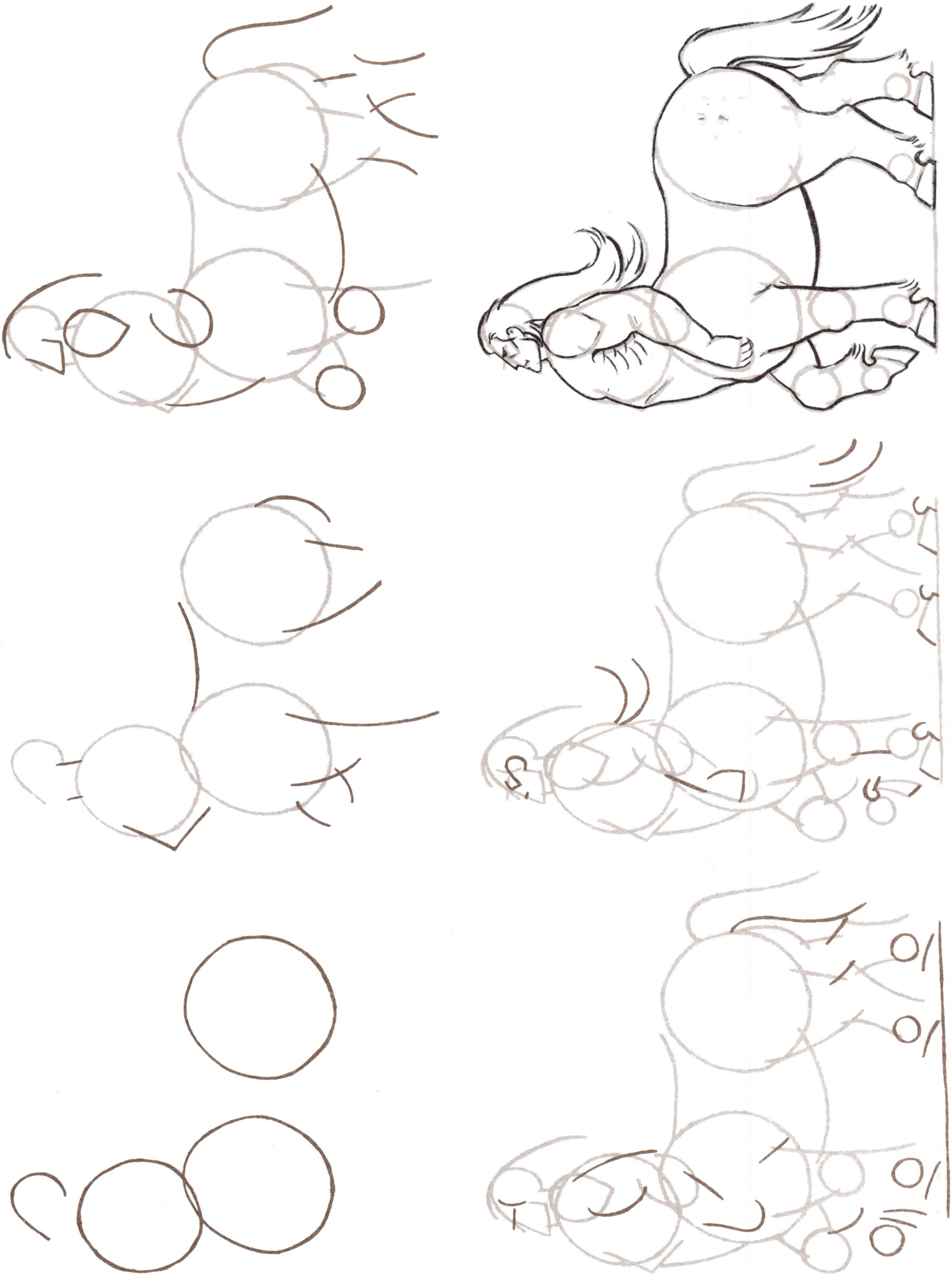

5. Centaure

6. **Sasquatch**

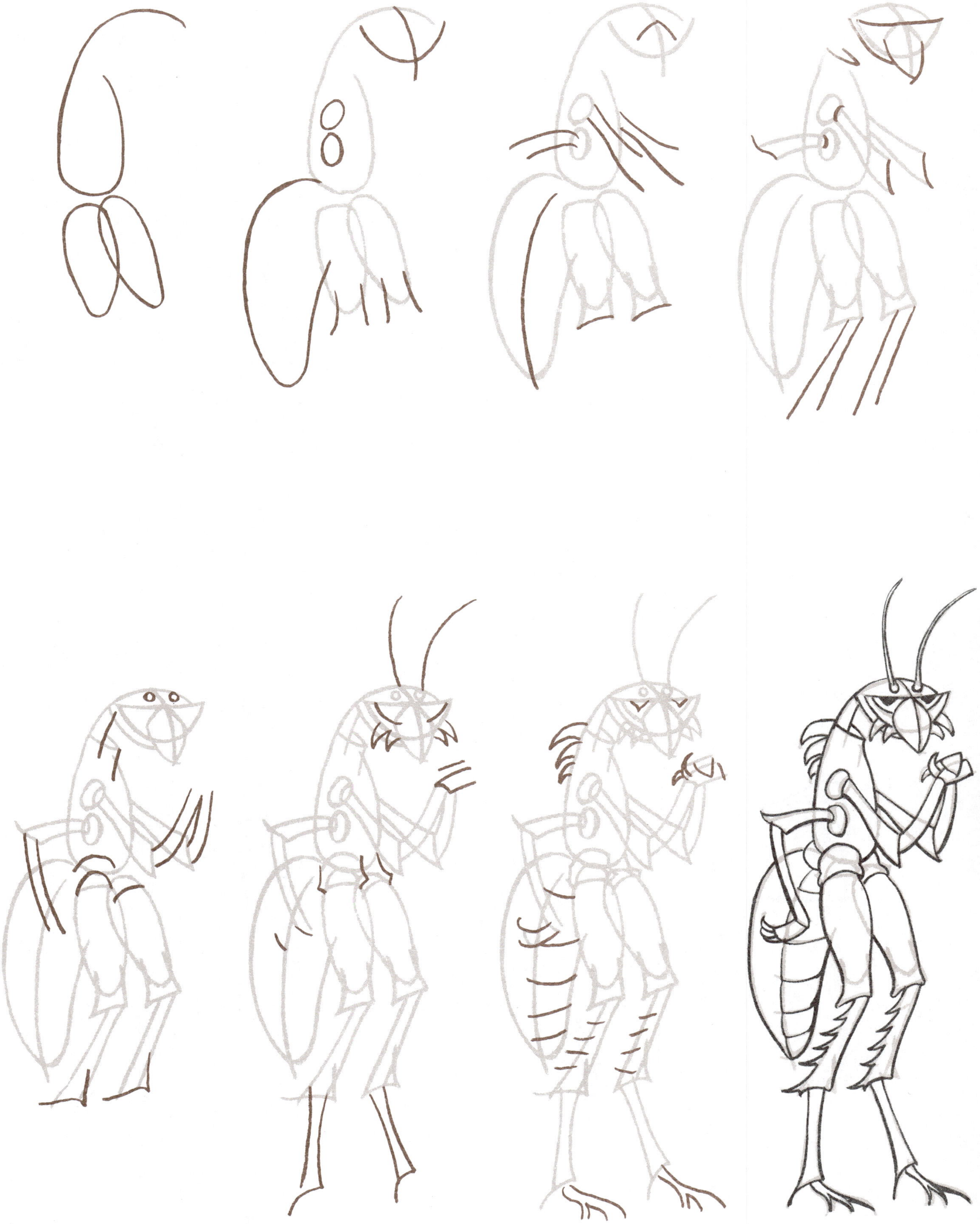

7. **Super Itch**

8. **Corsaire**

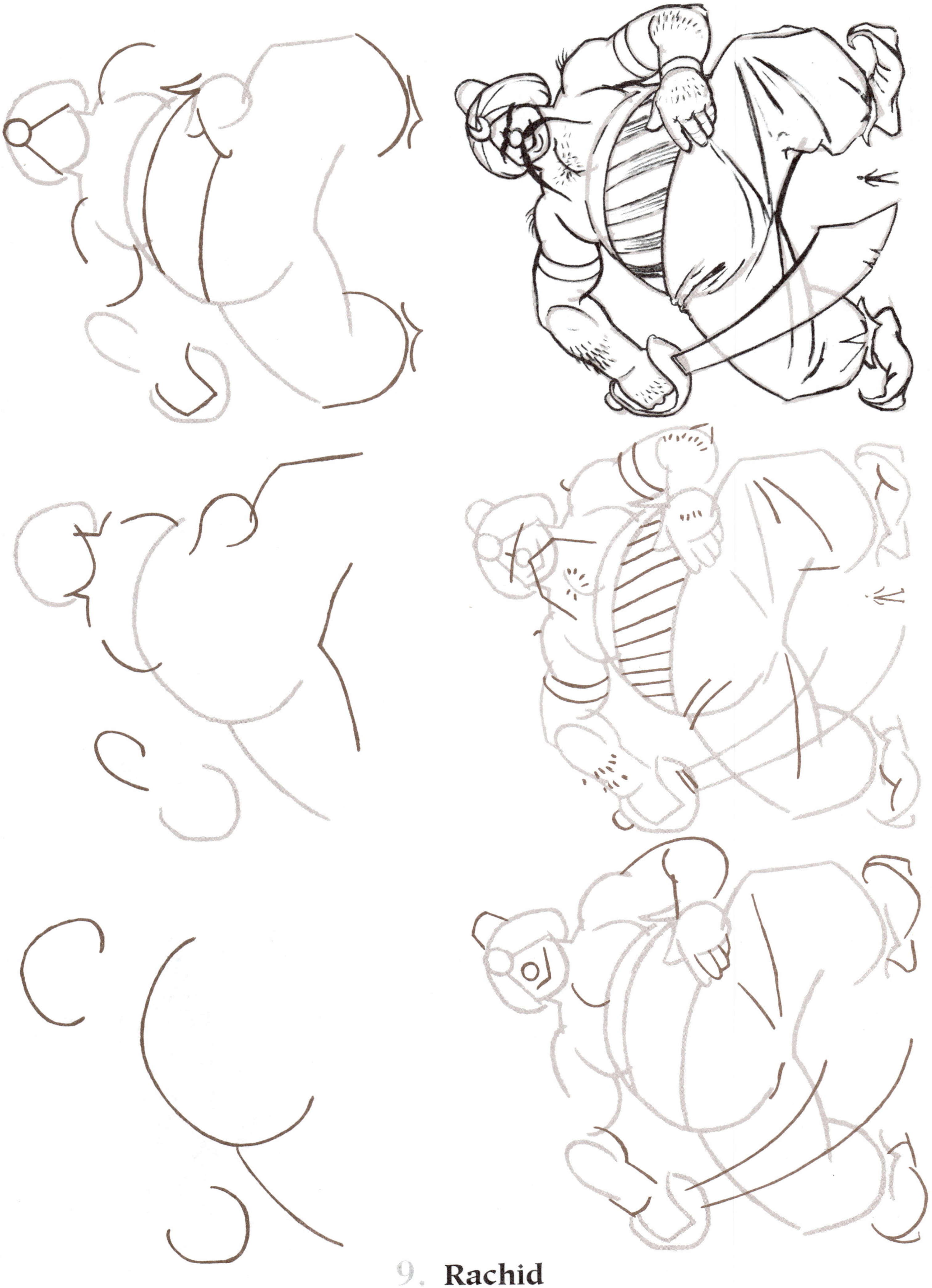

9. **Rachid**

10. **Sorcière**

11. **Yoda**

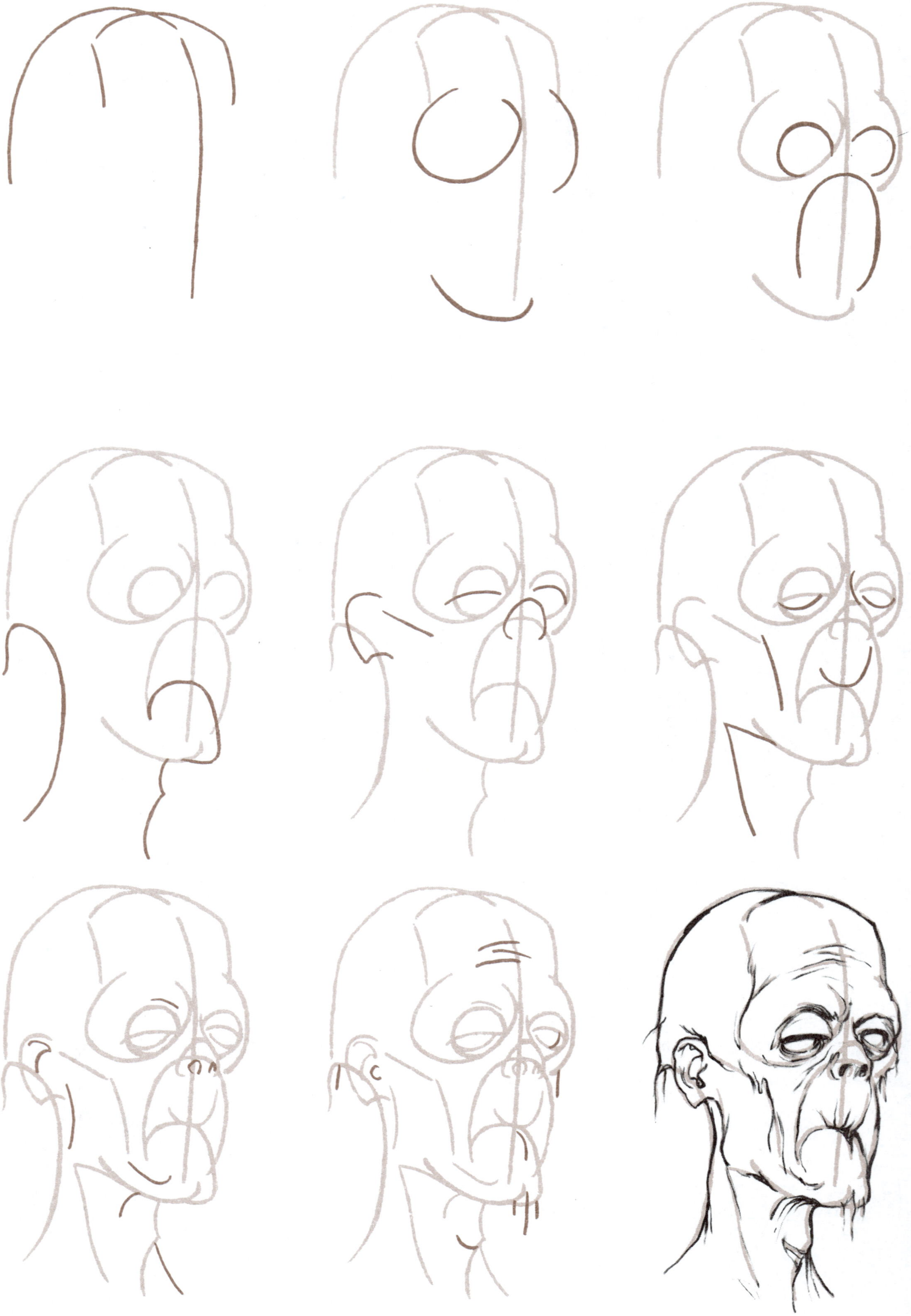

12. **Zombie**

13. **Medusa**

14. **Darh Vader**

15. **Griffon**

16. **Murt the Dirt**

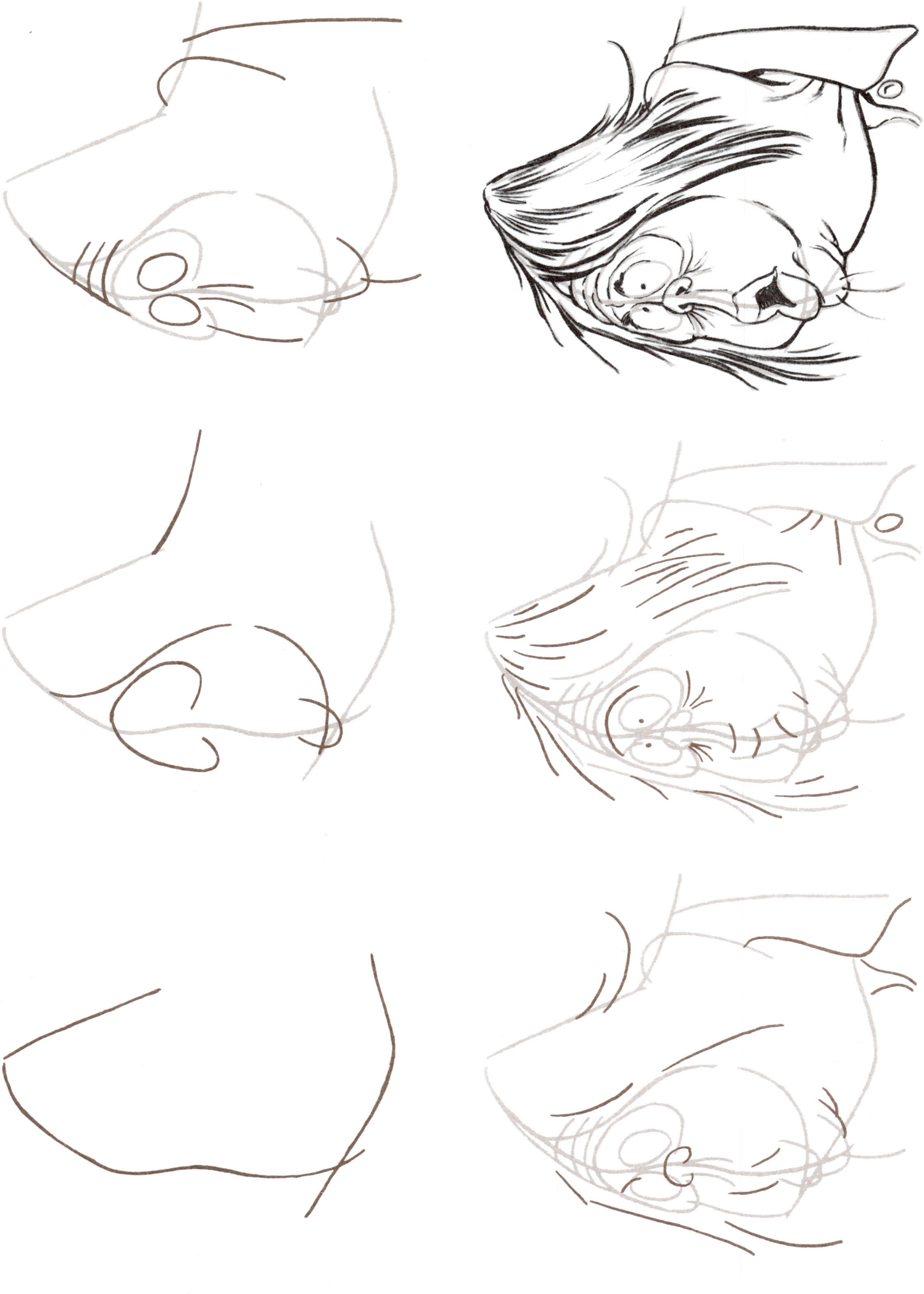

17. **Gabba Ghoul**

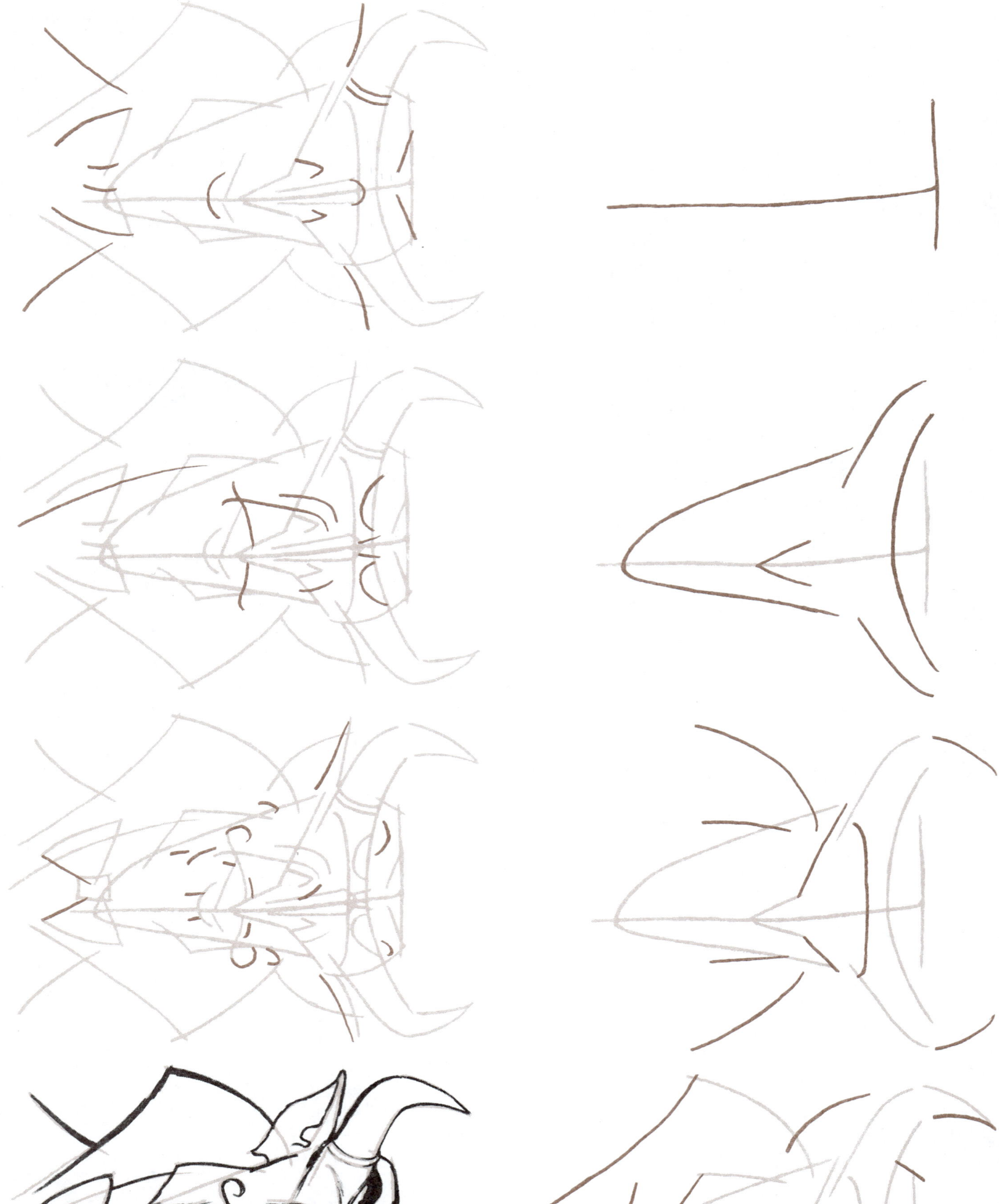

18. **Lewis E. Furr**

19. Farfadet

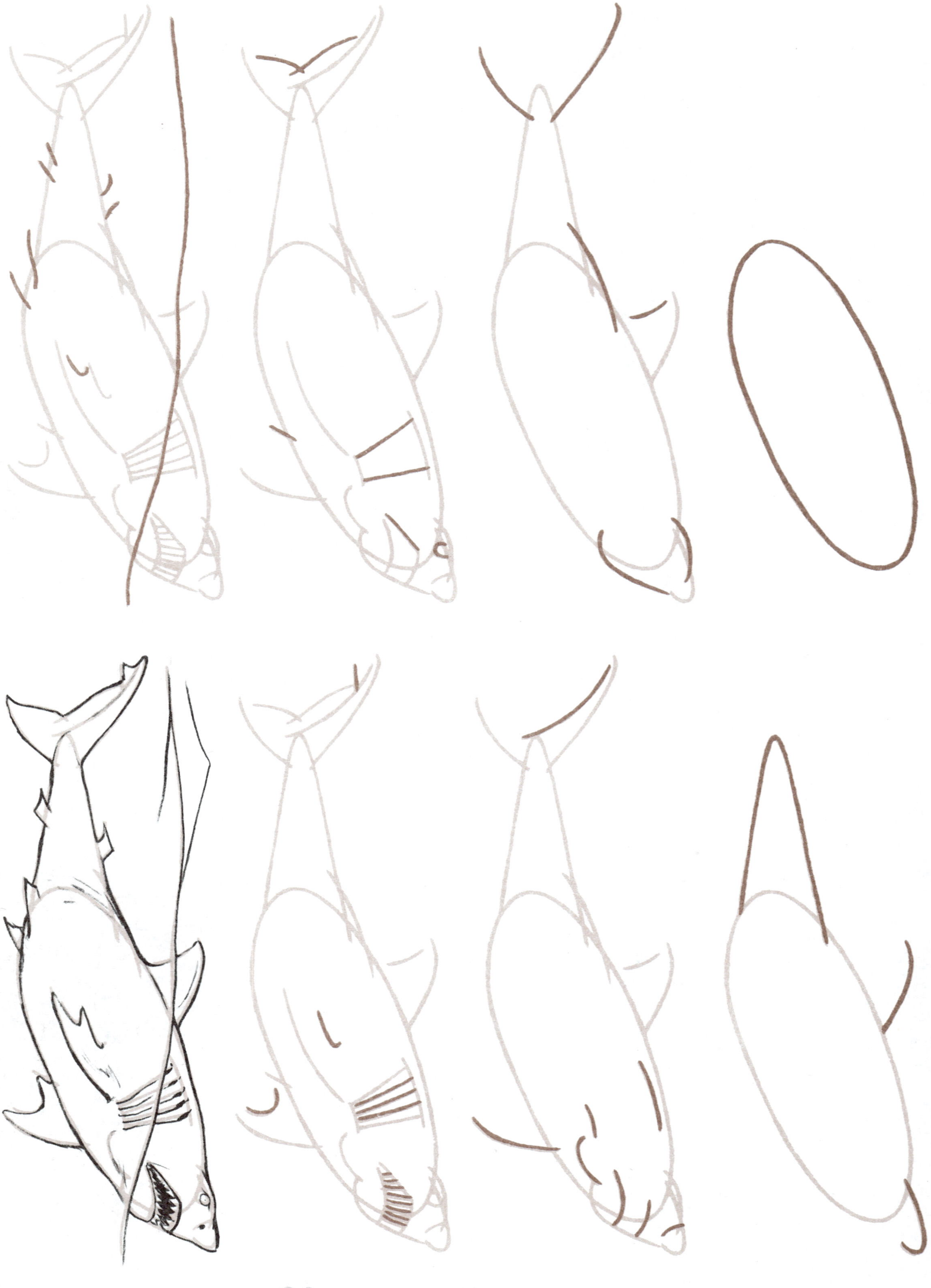

20. **Les dents de la mer**

21. Magicien

22. **Erzobite mouth creach**

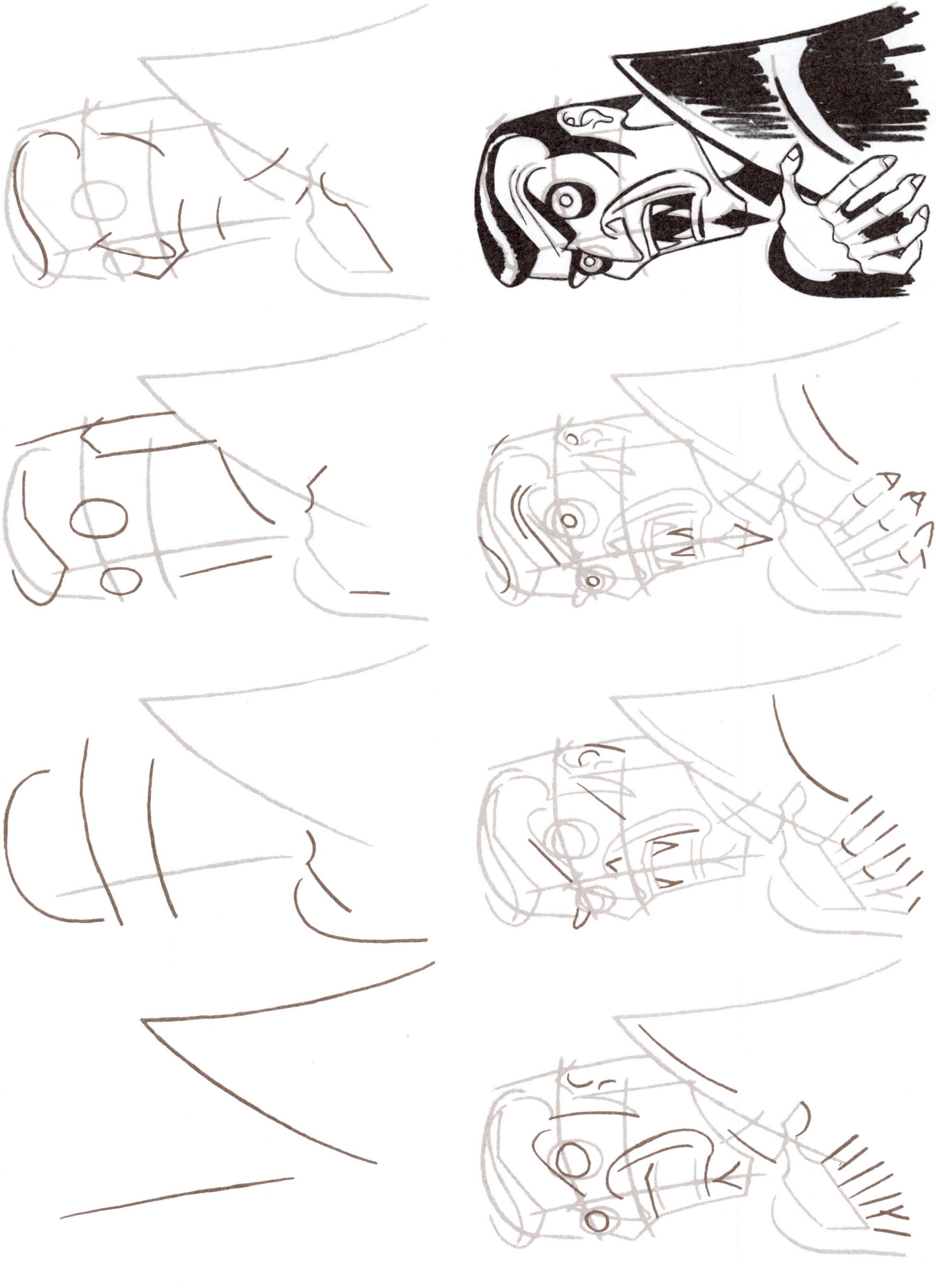

23. **Dracula**

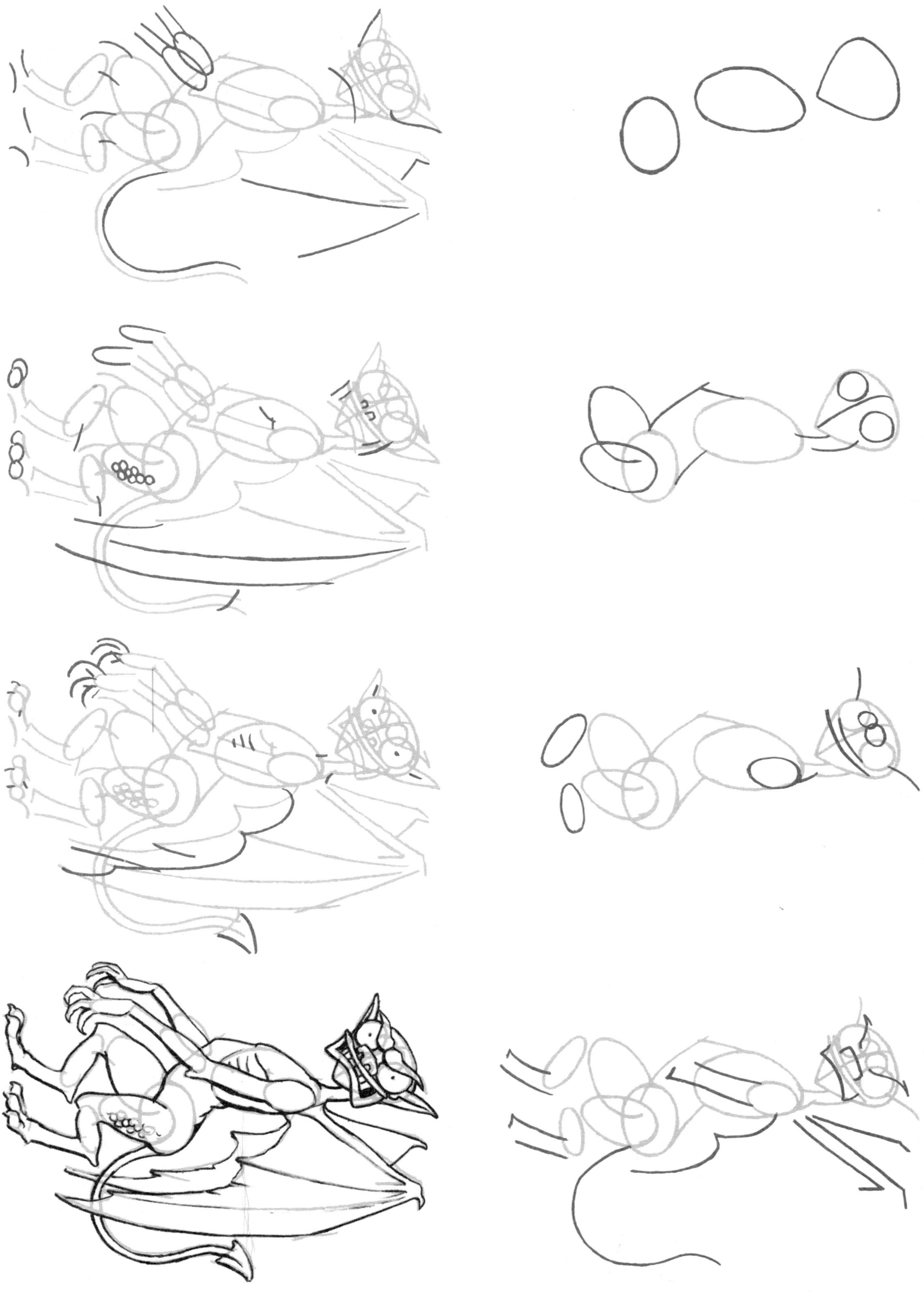

24. **Démon**

25. **Nain**

26. **Vif Argent**

27. **Corsaire**

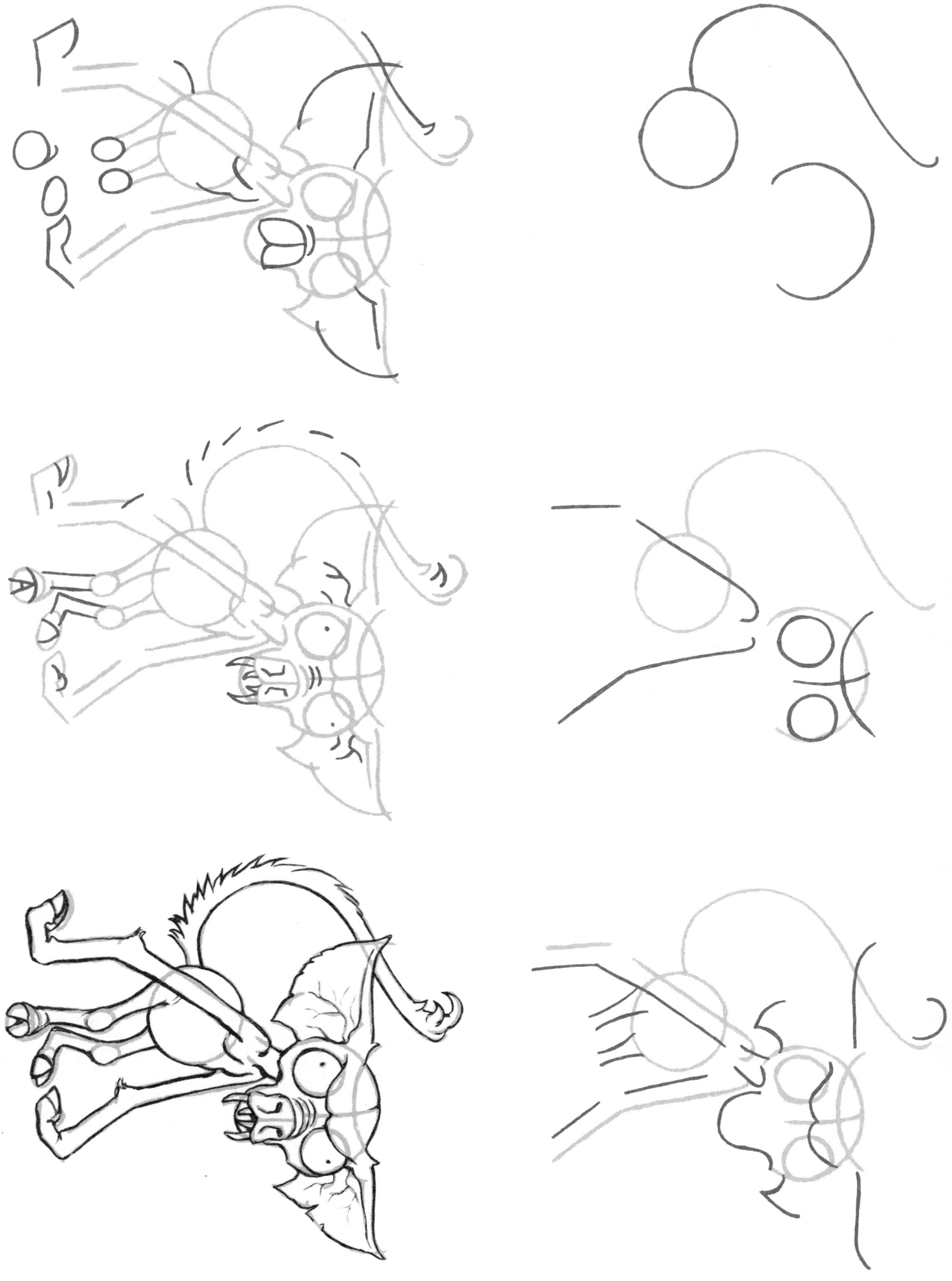

28. Le démon de la seconde planète

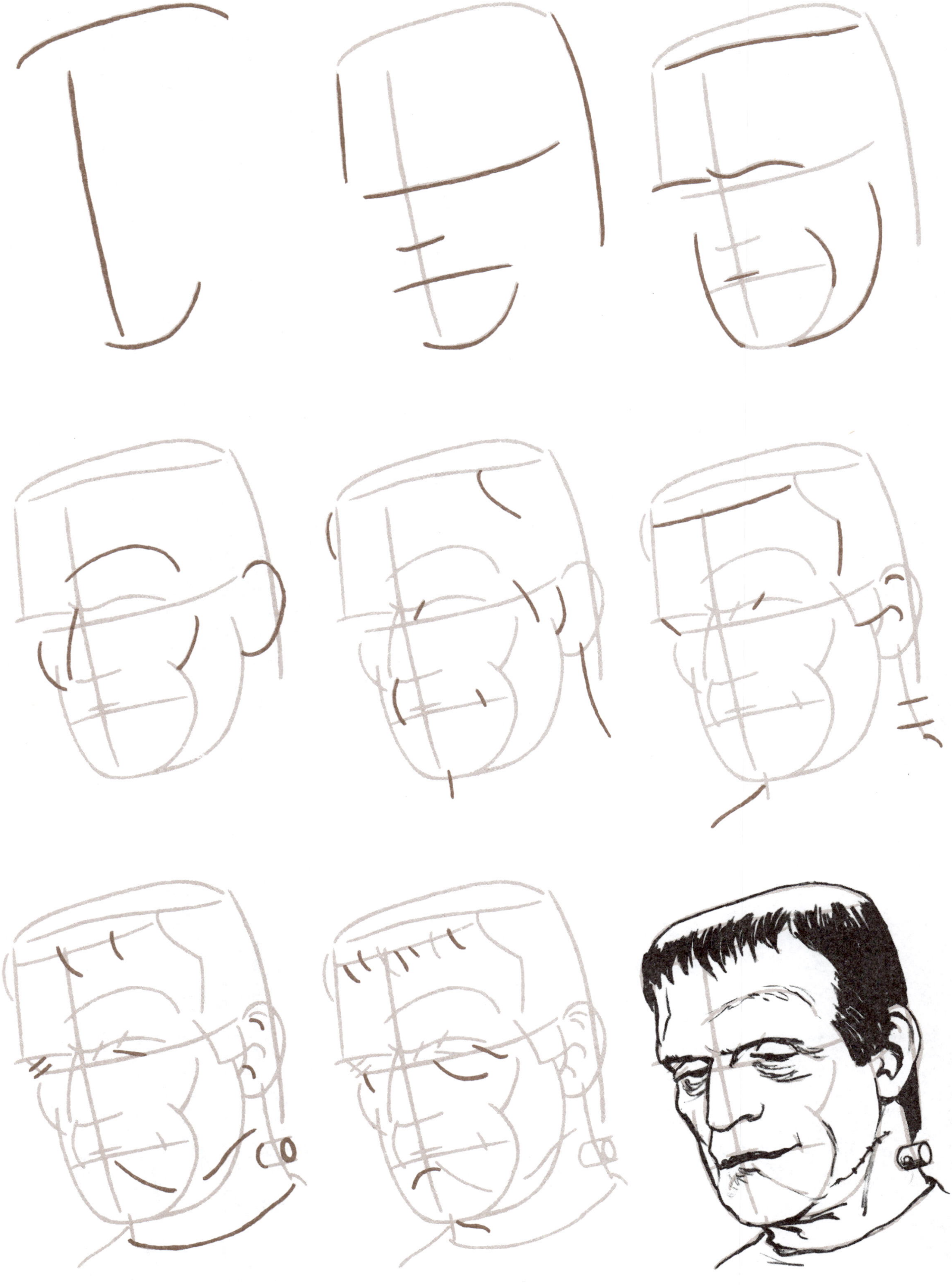

29. **Le monstre de Frankenstein**

30. **Rory LaGoon**

31. **Cyclope**

32. **Dragon**

33. **Le bossu de Notre-Dame**

34. **Lousy Larrabee**

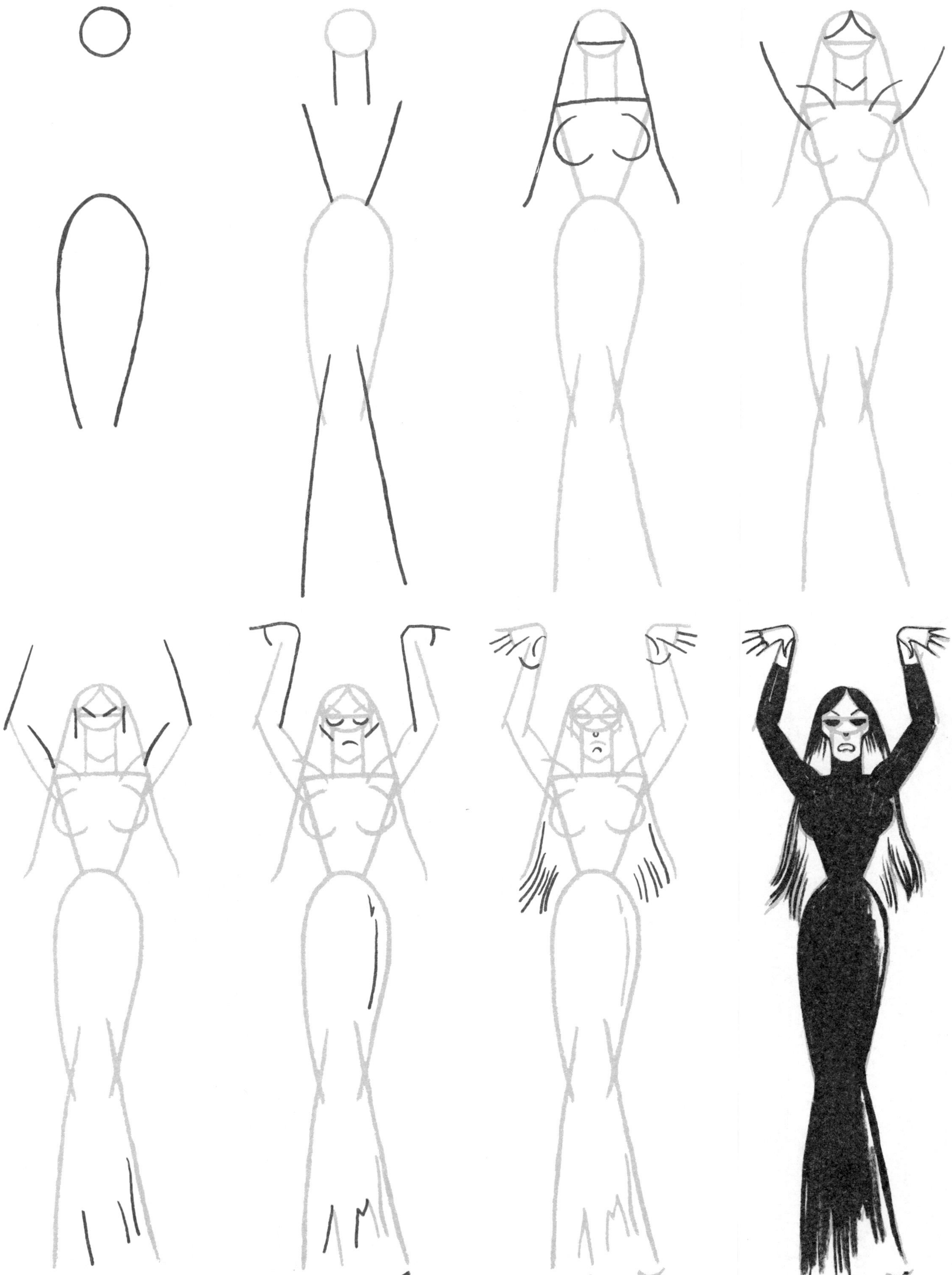

35. **Vilma Knibblenecker**

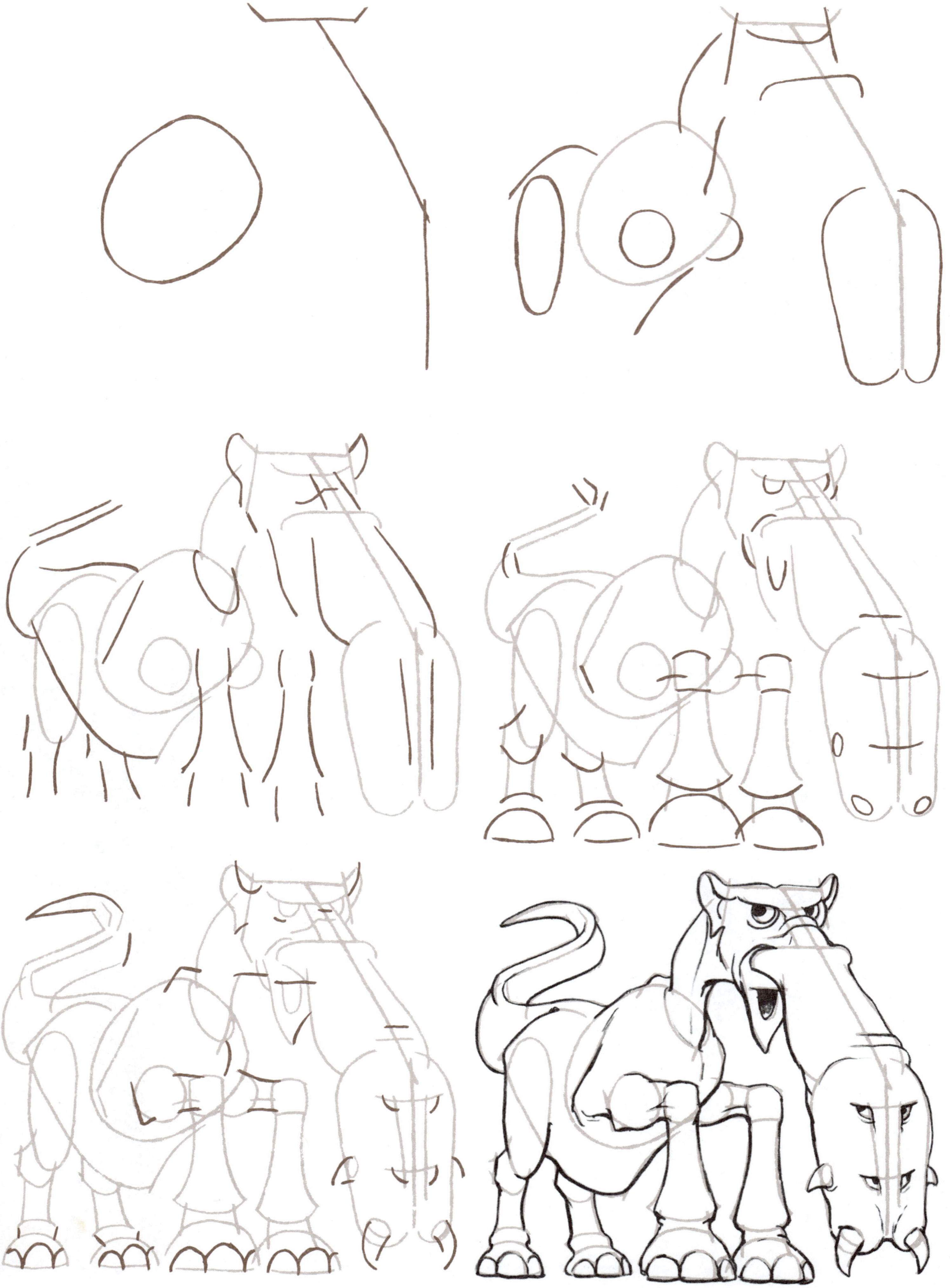

36. **Nose creach**

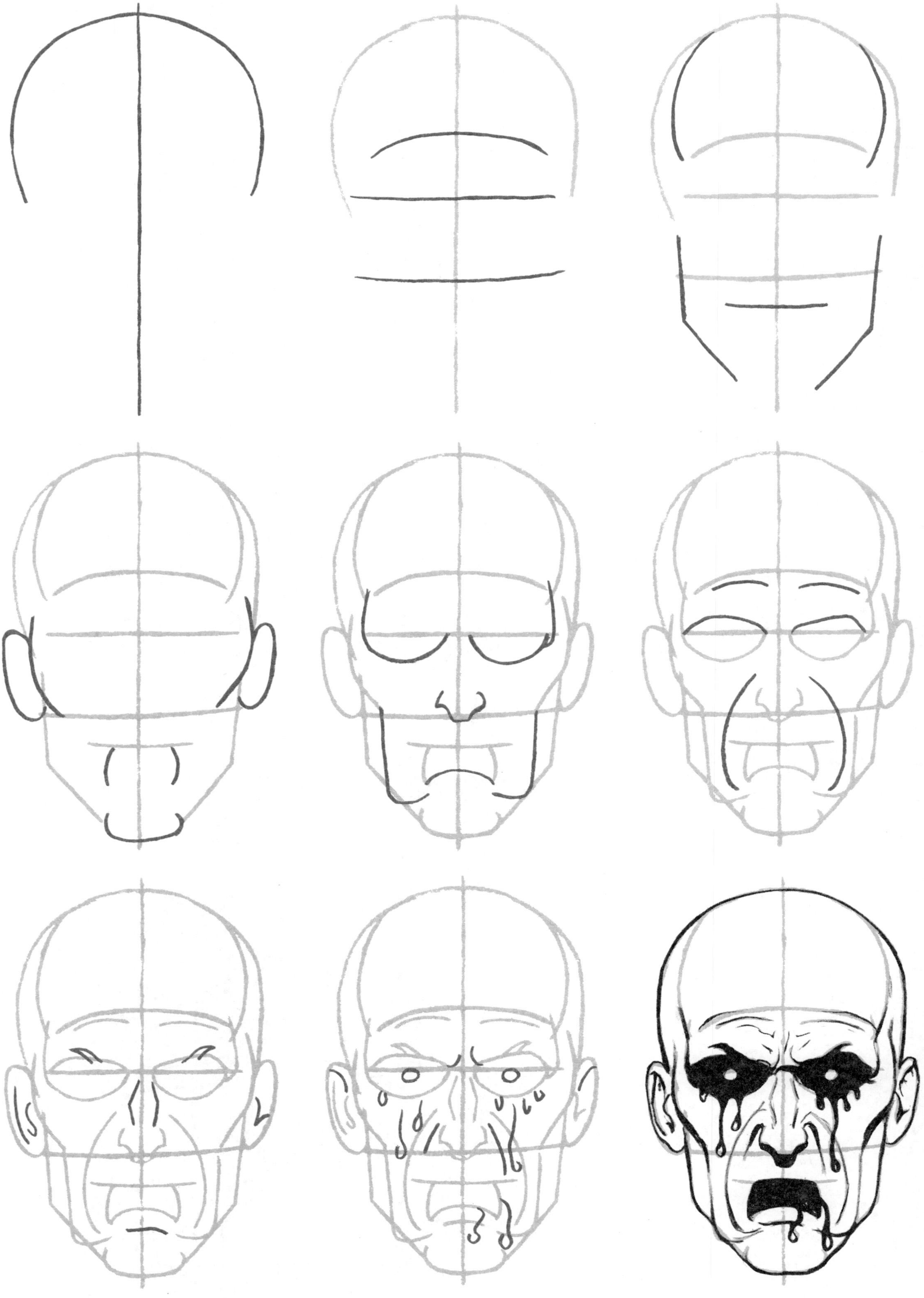

37. **Bluddin Gaur, le zombie**

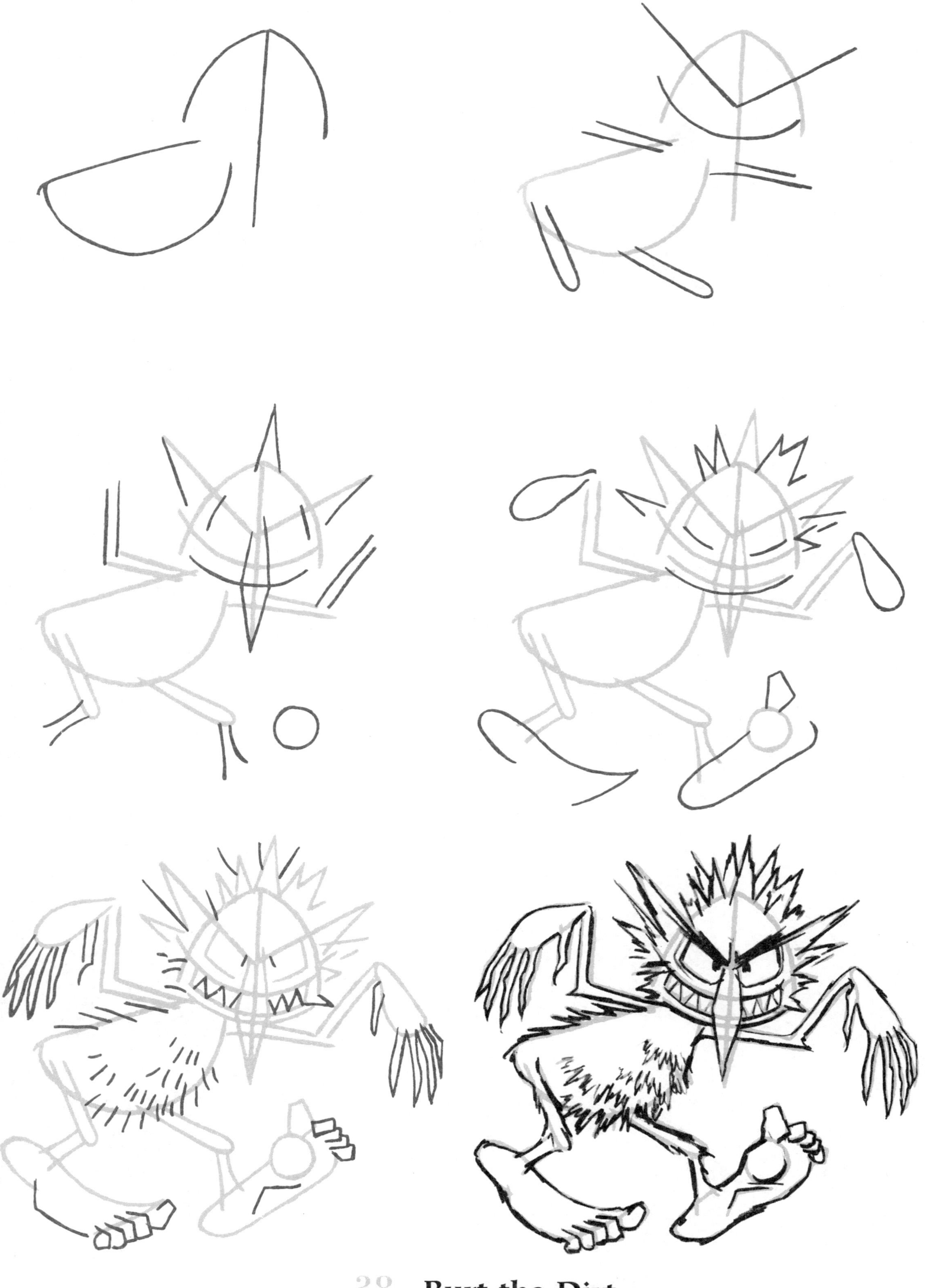

38. **Burt the Dirt**

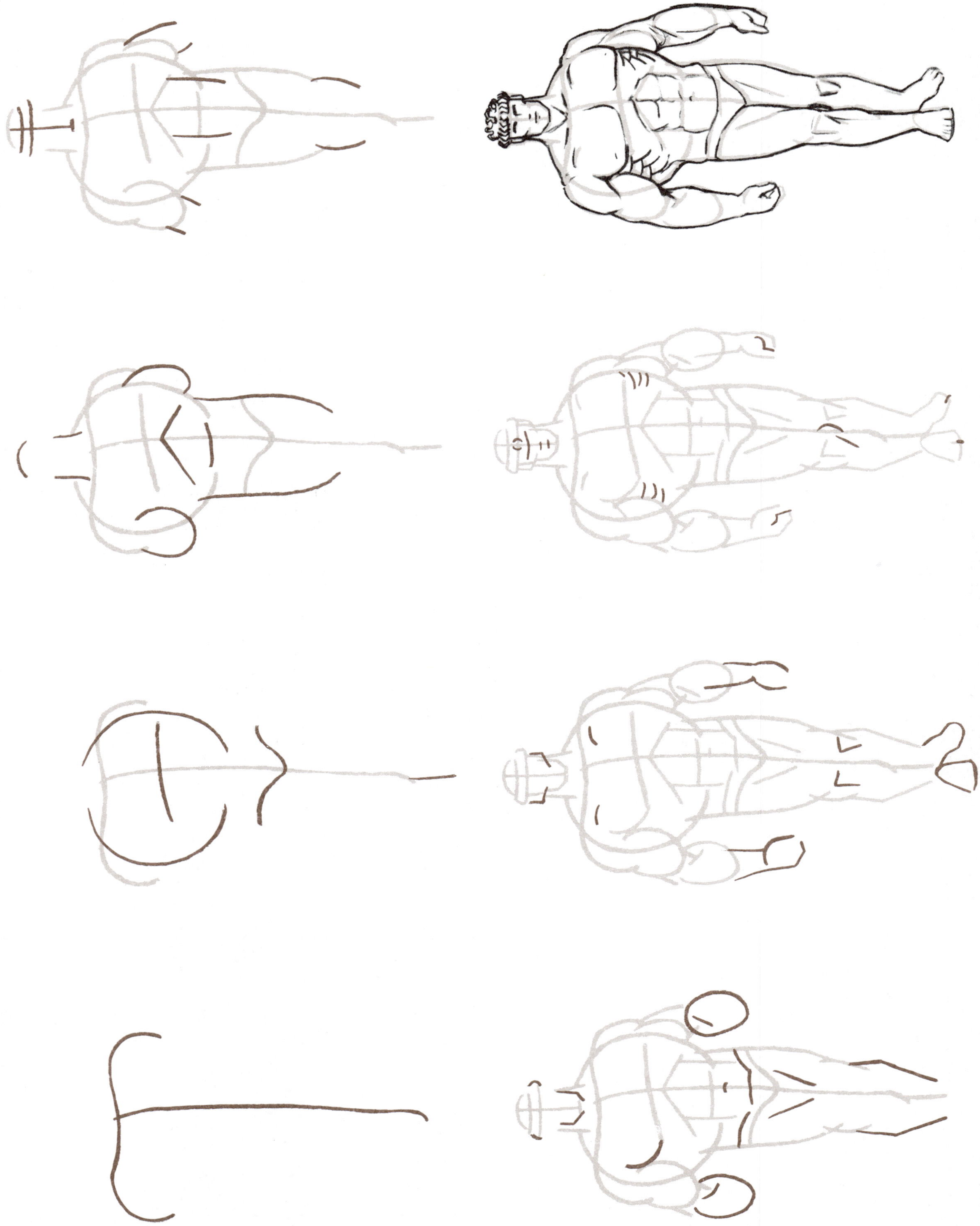

39. **Hercule**

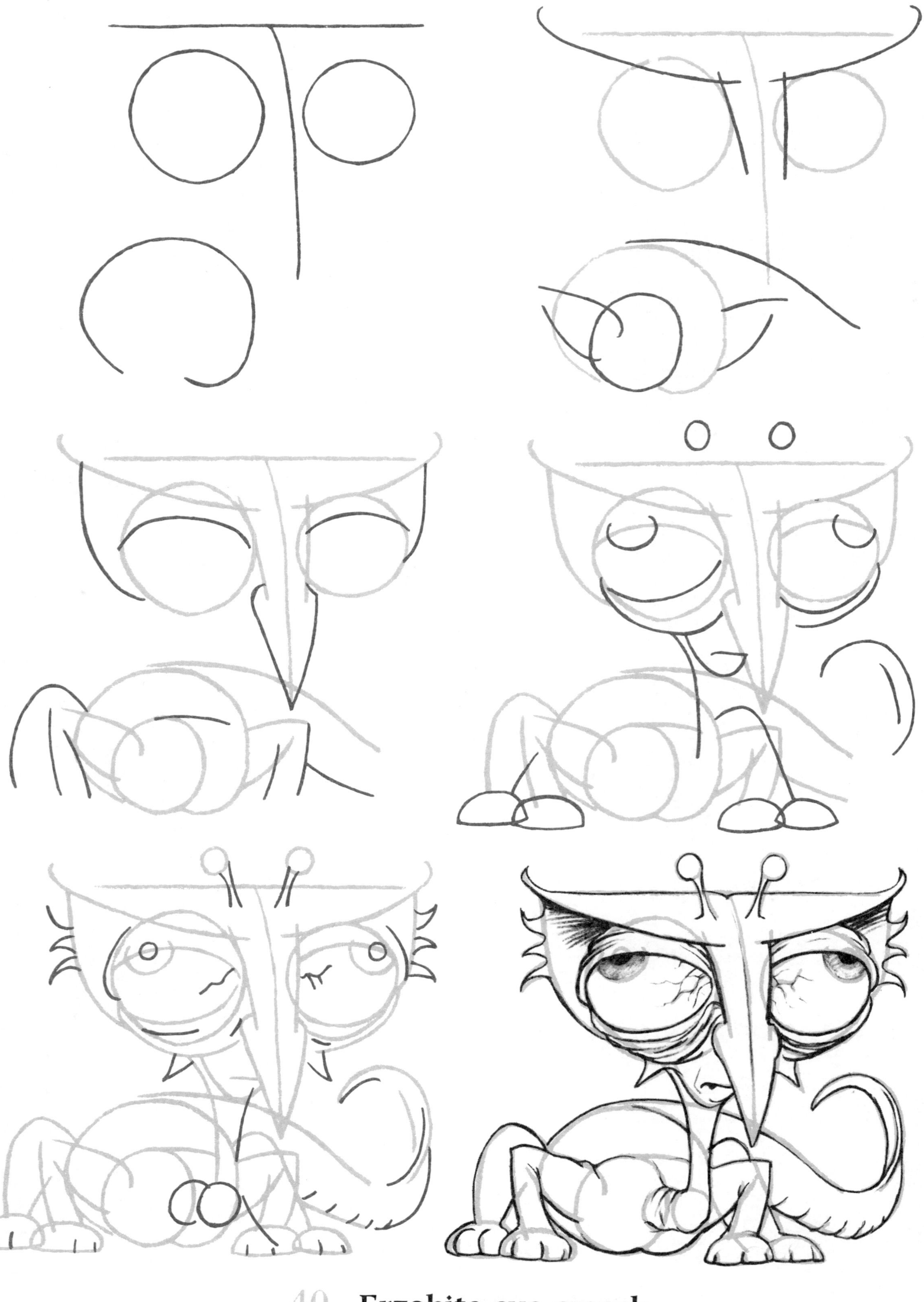

40. **Erzobite eye creach**

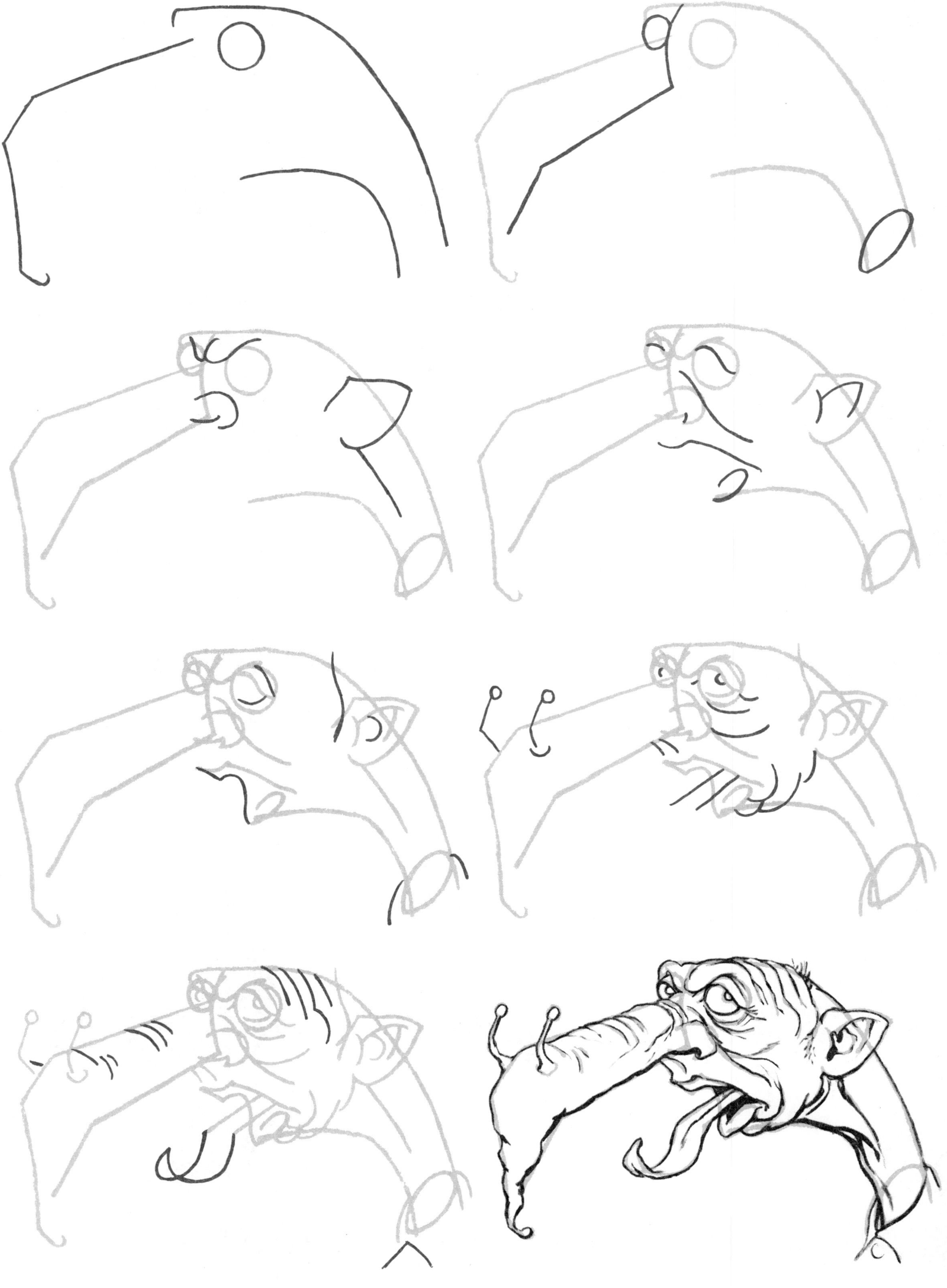

41. **Duston Dripp nasal nerd**

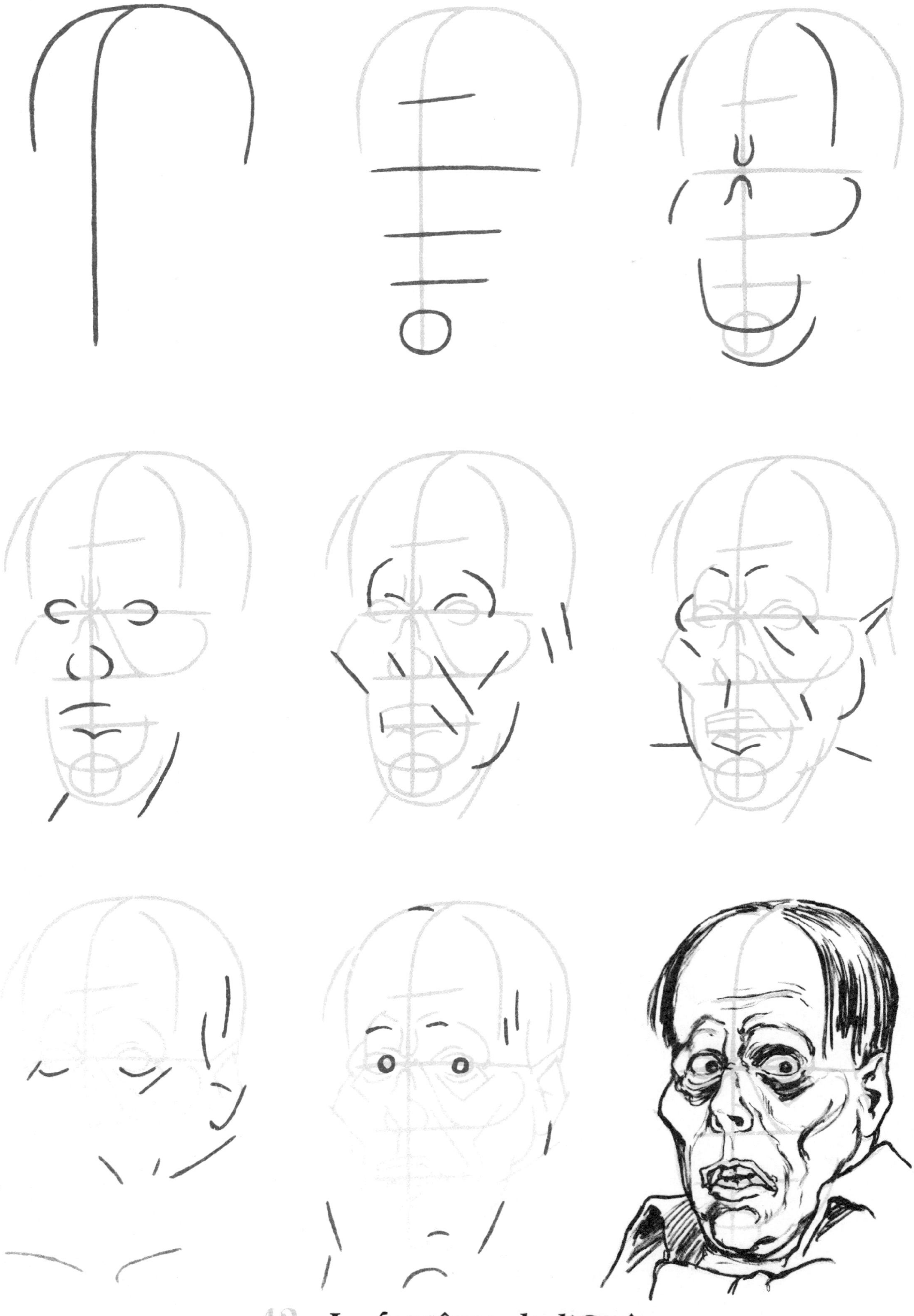

42. **Le fantôme de l'Opéra**

43. **John Henry**

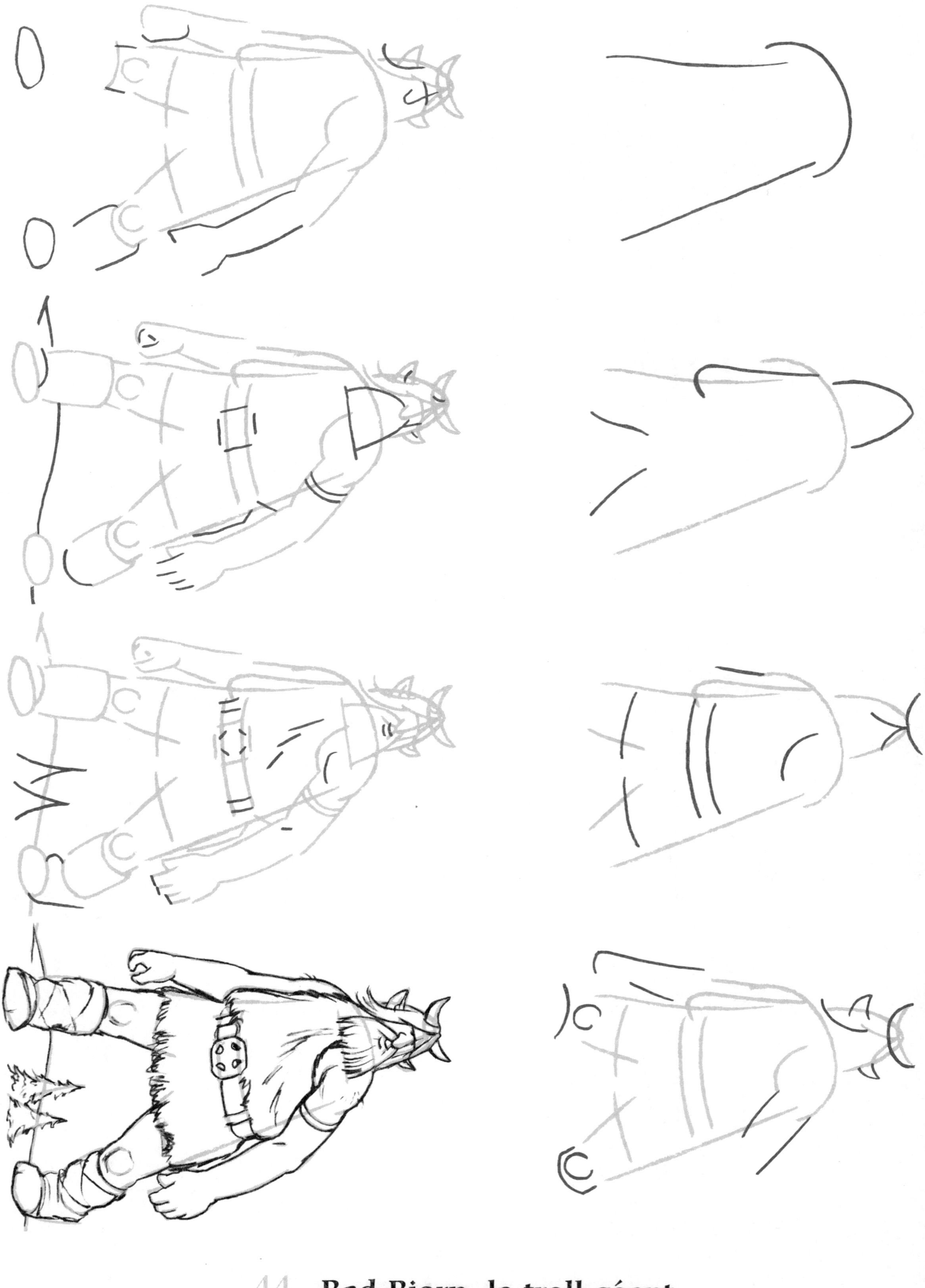

44. Bad Bjorn, le troll géant

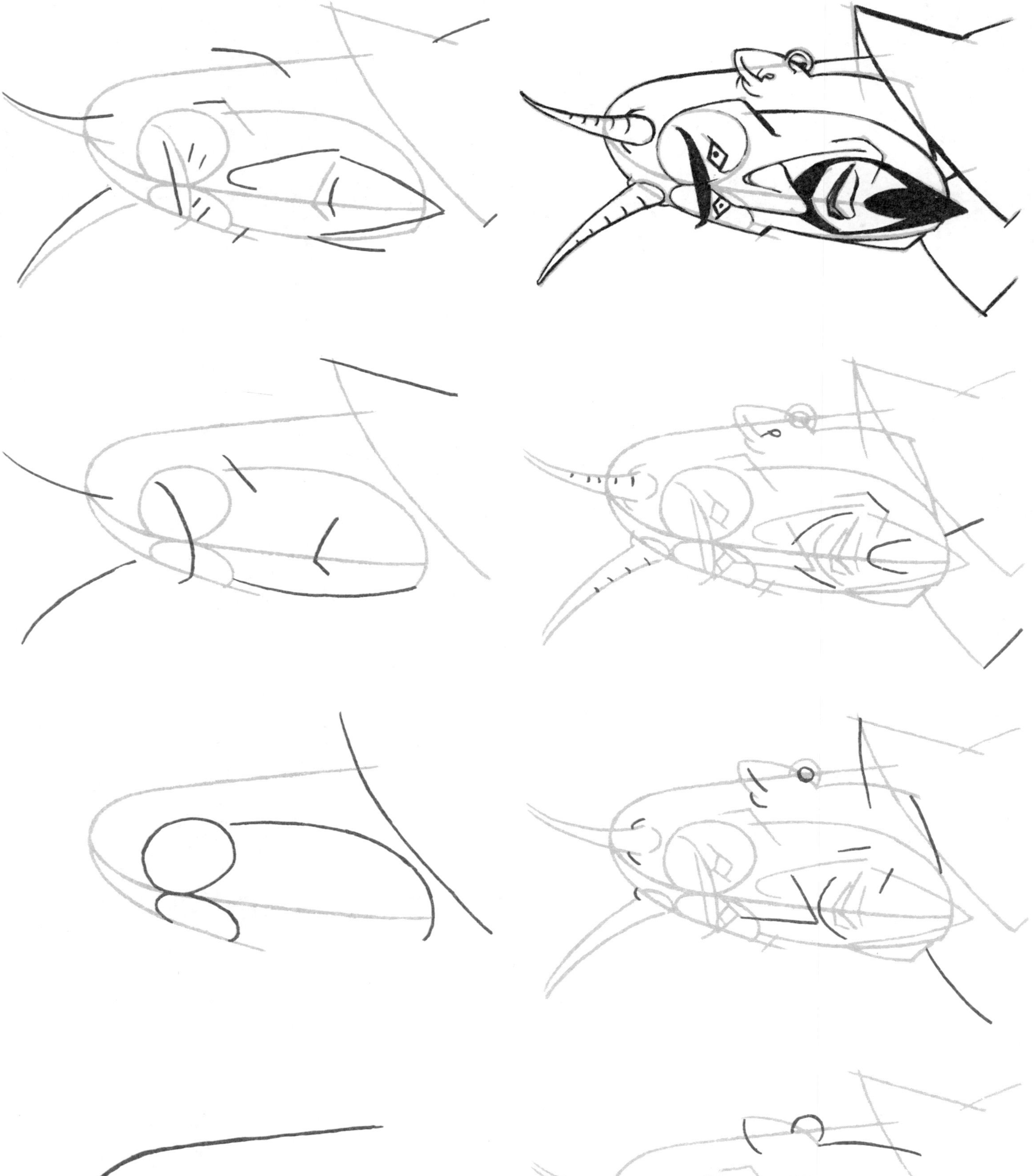

45. **B. L. Zeebubb**

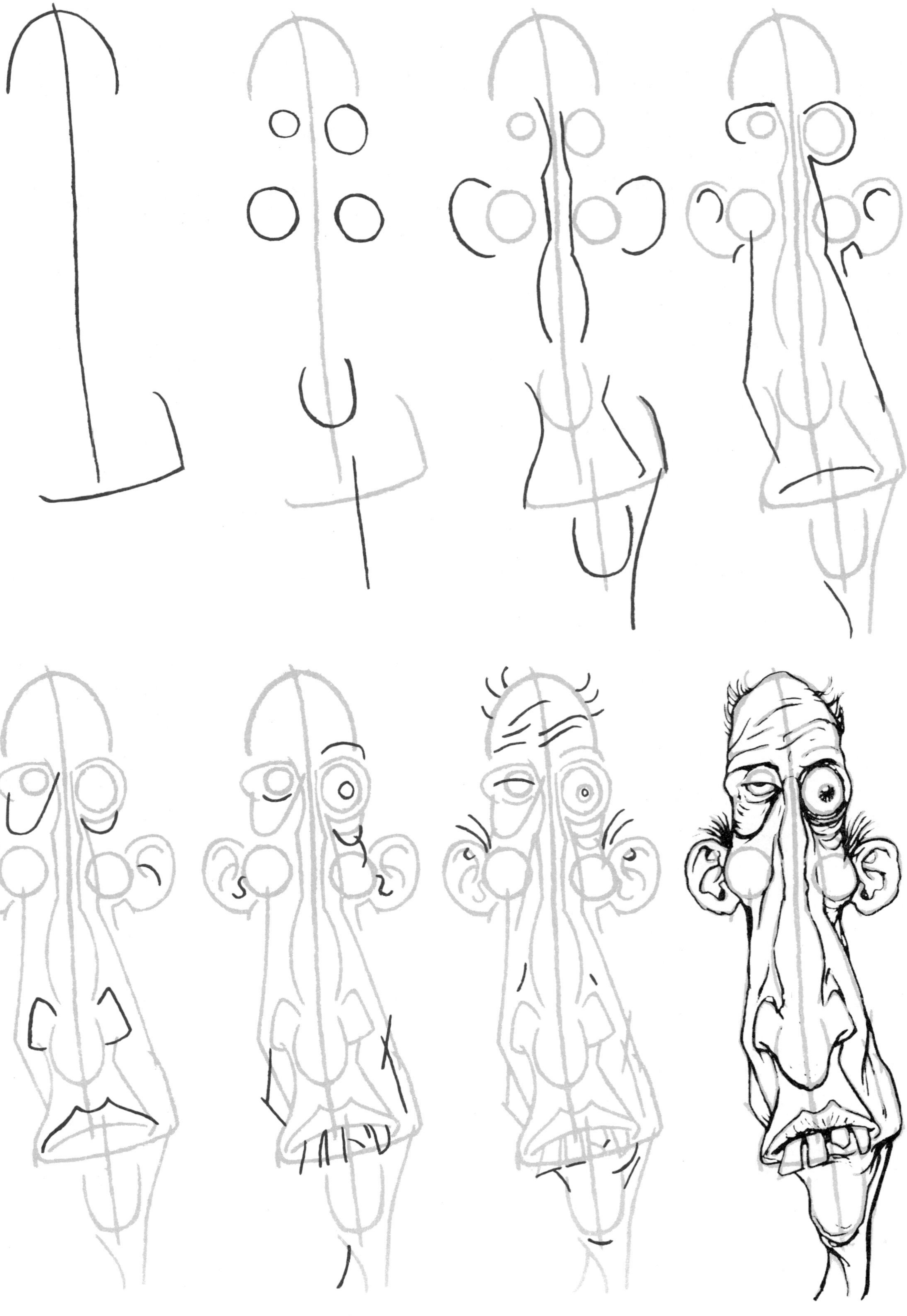

46. Uriah Creep

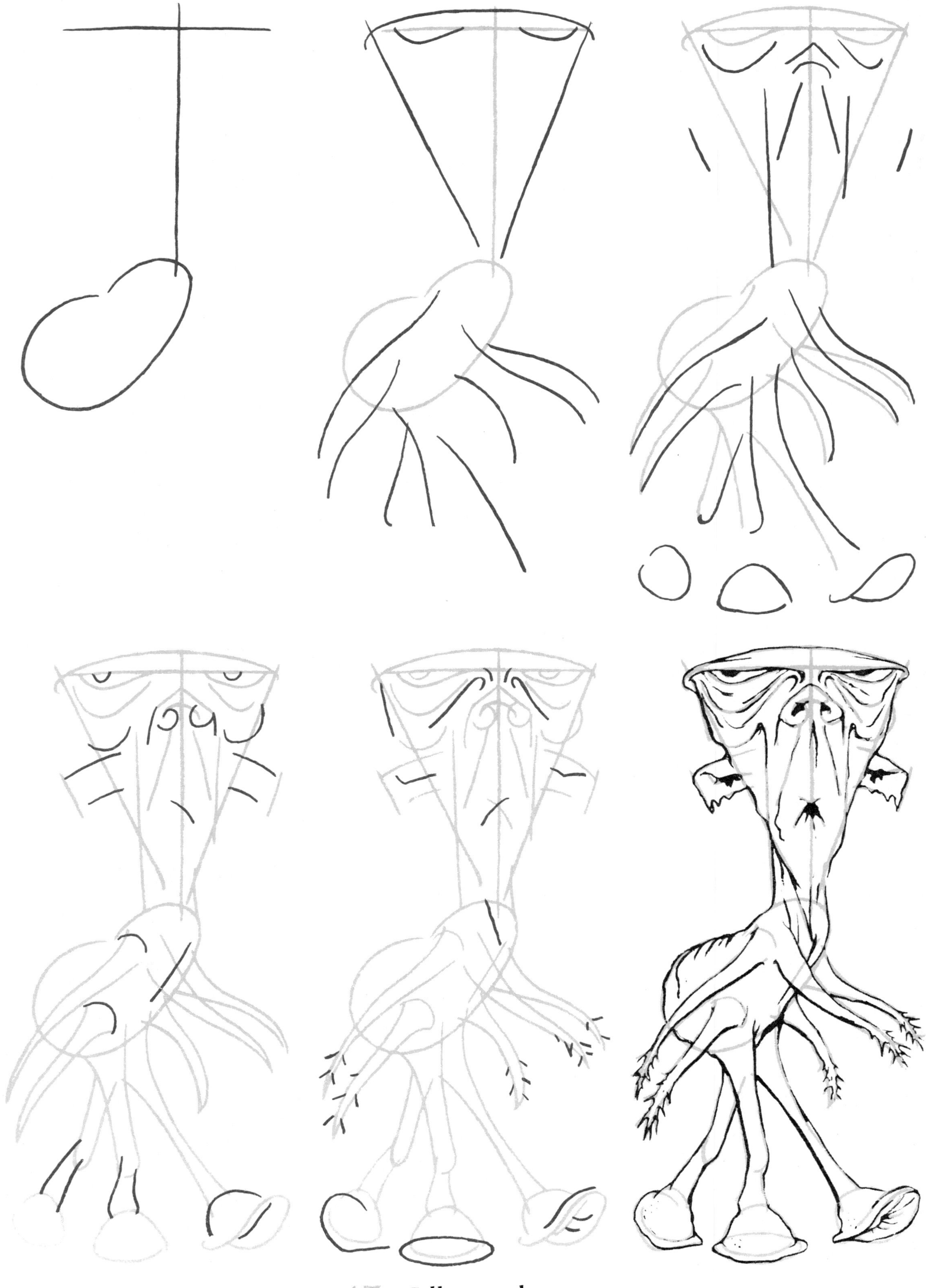

47. Sillawarsh

48. **Crullbeef**

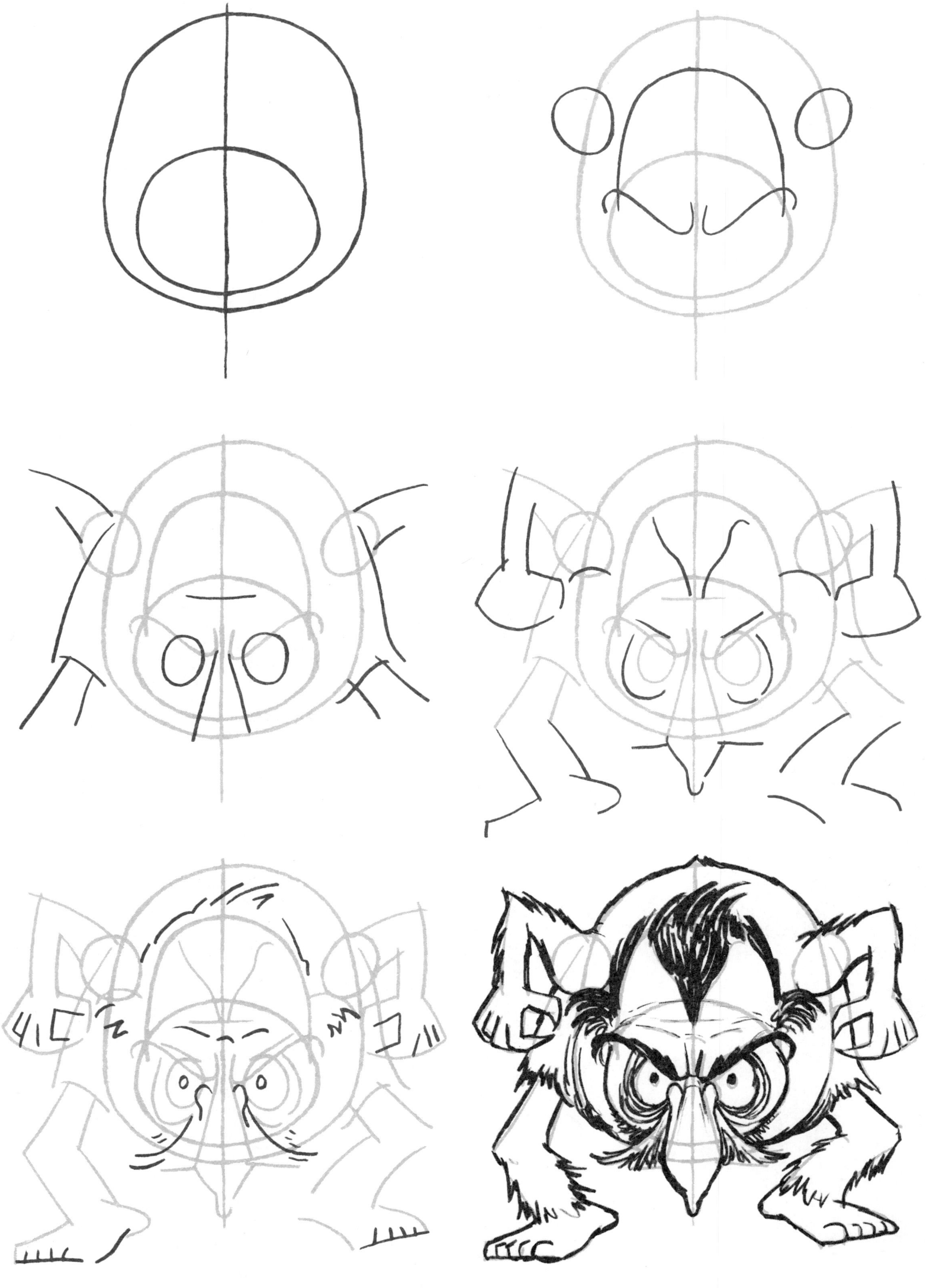

49. **Kurt the Dirt**

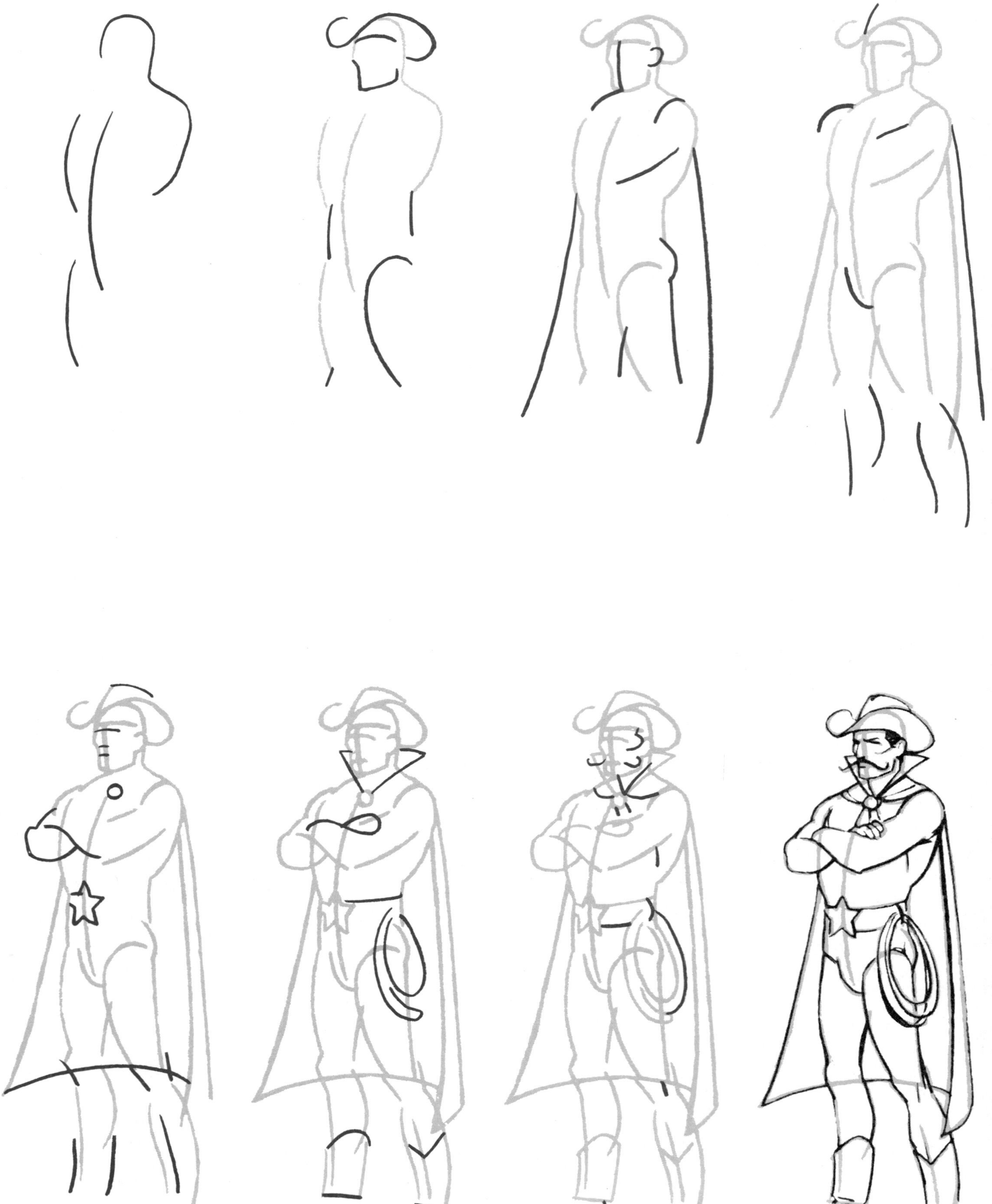

50. Super cowboy

Achevé d'imprimer en mai 2003
par Proyectos Gasmath, S.L. - Espagne